Paul Gisi

Wir erkennen uns in den Augen der Nacht

Mystische Gedichte

Bibliographische Information der Deutschen Nationalbibliothek. Die Deutsche Nationalbibliothek verzeichnet diese Publikation in der deutschen Nationalbibliographie, detaillierte bibliographische Daten sind im Internet über http://dnb.dnb.de abrufbar.

Umschlagbild Ludwig Weibel
Herstellung und Verlag:
BoD – Books on Demand, Norderstedt
ISBN 9783757805166

Paul Gisi

Wir erkennen uns in den Augen der Nacht

Mystische Gedichte

Inhalt

I
Oktopusarme Galaxien
wir schauen uns an

Zusammenhänge

Vielströmig
fliesse ich
in mich

die Winde
tragen mich
zu mir fort

ich steige auf
in meine Tiefen

versinke
in unermessliche Höhn

entfalte mich
in das
was mich einfaltet
unüberschaubar e i n s

♪ ♪ ♪

Ich raune
der Muschel
Liebesworte zu
streichle
dem Kleinen Klappertopf
über die weissen Lippen
lache über die Wahrheit
und das Unveränderliche
schmiege mich
als Welle
neuen Ufern an

♪ ♪ ♪

Mit dir
den Tausendfüsslertraum
träumen

in Lautenkörpern
sich umarmen

im Glockenturm
sich lieben

noch bevor es dunkelt
Licht sammeln

♪ ♪ ♪

Versinken
ins Sein hinein
in die luziferischen Kapillaren

die Veda
schultern

im Schatten
von Trojas Mauern
sich lieben

♪ ♪ ♪

In der Balance
der Ungleichgewichte
gespinstet
das verplitterte Leben

der fasrige Traum
das fieberfleckige Wort

wir erkennen uns
in den Augen der Nacht

♪ ♪ ♪

Kreise ziehn
des Wissens
des Verstehns
der Heilung
in deinen Achataugen
Liebe Leidenschaft Überwältigtsein
BEKENNEN
IN DER NACHT

♪ ♪ ♪

Licht sammeln
in den Sträuchern
uns zurufen
in den Verdunkelungen
einander nahe sein

hinabsteigen
ins Feuer der Nacht

♪ ♪ ♪

Brennende Angstfäden
die Galaxien
in den Blutbahnen
im Pfeifenrauch
Schöpfungsgeschichte
und Apokalypse

der alte Dichter
lacht

♪ ♪ ♪

Der Vogelgesang
eine Mythologie

dein Körper
Birkenbalsamharzduft

Götter und Skorpione
im Blut

das Weltall
ein Gongschlag Gottes

ANBETUNG IN DER WANDLUNG

♪ ♪ ♪

Farbtrunken
die Seele
seinstaumelnd der Geist
in der Sumpfdotterblüte

schrundige Milchstrassen
führen zu dir

das Entsetzen
sich nähernd

♪ ♪ ♪

Die Windrose
auf deinen Lippen

das Sandkorn
eine Kathedrale
in deiner Hand

♪ ♪ ♪

Das Rotauge
liest
in einer Philosophiegeschichte

wir schenken uns
uns

♪ ♪ ♪

Singen tanzen
in blutroten Blumen
sich finden
sich verlieren
in der Ekstase

in der Umarmung
des trunknen Lebens

♪ ♪ ♪

Kranzarterien des Herzens
Geschwulstzellenembolie
Rosenkranzgebet
– Litaneien des Entsetzens

♪ ♪ ♪

Wirklichkeit
eine Sandburg

der Geist
Schatten
eines entfernenden Vogels

♪ ♪ ♪

Unüberschaubar
die Zusammenhänge
zwischen Fisch und Vogel
Stern und Traum
farbsinfonisch alles
brennend
auf deine Lippen
gedrückt

♪ ♪ ♪

Die Unendlichkeit
ist ein Wassernabelkraut

sich finden
in den Entfernungen
in Flammenarmen
versinken

– wissen vergessen
ERKENNEN
einerlei

♪ ♪ ♪

Der Wind
ein Lächeln
im Baum

Milchstrassen
wie Oktopusarme

wir schauen
uns an
in der Mystik
der Galaxien

fallen ineinander

♪ ♪ ♪

Silbriger Nebel
überm See

aufgefächertes Schweigen

am Ufer
sitzt
der alte Dichter
schaut ins Nichts
und lacht

♪ ♪ ♪

Sich zu irren
in den Vorgegebenheiten

Wyrckelichkeyten
als Träume
erkennen

das Wort
auf der Zunge
verschweigen

♪ ♪ ♪

Wind fegt
wie eine Ouvertüre
von Rossini
durch die Bäume
Landschaften
von Vlaminck

Venus von Praxiteles
das Gedicht vom Zackenbarsch

♪ ♪ ♪

Dich in der Nacht
zu s c h a u e n
mit Seedrachenaugen
im karminroten Blütenblatt
des Storchschnabels
im Mysterium der Kometenbahnen
in den sokratischen Gesprächen
sehend werden
für den kosmischen Staub
der Jahrmilliarden

sieh
die Sonne
steigt auf
wie eine grosse Motette

♪ ♪ ♪

II
Unterm Pilzhut der Milchstrassentanz

Mittelpunkte

Steintränen

schiefrig
der Himmel
tonlos
der Horizont

unterm Pilzhut
der Milchstrassentanz

unübersehbar
die vielen Mittelpunkte
in mir

♪ ♪ ♪

Die Wolken
hängen am Himmel
als hätten sie Schnupfen
von einem Vogelschatten
eingedunkelt
die Planetarischen Nebel
ich schenke dir
Geisterwelten
Seele als Leben
Kosmogonie

♪ ♪ ♪

Im Auge
der Purpurkopfbarbe
versinkt die Welt

es ist die Zeit
der dunklen Verflüchtigungen
fassungslos
addolorato

doch irgendwann
geschiehts
dass das Unabänderliche
in dir
zu singen beginnt

♪ ♪ ♪

Gott hat ein Gewand
aus Kakteenblüten
feuerrot sonnengelb
wolkenweiss meerblau
sein Lächeln
ist eine Farbensinfonie
des Universums

die Seestachelbeere
l i e b t

♪ ♪ ♪

Es fällt mir auf
dass es mir zufällt
das Schwindelgefühl
des atemlosen Himmelblaus
des silberfarbnen Zimbelklangs

sich fallen lassen
in die Masslosigkeit
untergehn
bin hin zum letzten Grund

♪ ♪ ♪

LUSTZUCKEN GOTTES

Mystik
Kantilene des Wahns
alter Cognac
auf der Zunge
des Morgenlands
des Abendlands
gereift
in Eichenfässern
der Träume der Sehnsucht

♪ ♪ ♪

Uratmosphäre GEIST
im Gesang der Dinge
des Lichts
in der Harmonie
der Gegensatzlust
von Anfang und Ende
des Lebensatems

so dunkel
kann es nicht sein
dass wir uns nicht fänden
Lippe an Lippe

♪ ♪ ♪

Das Weltall
singt
in Sonnen und Sternschweifen
Flechten und Palmen
Ozeanen und Träumen
spielt Mandoline
in den Bäumen

♪ ♪ ♪

Aussichten Einsichten
auf den Bewusstseinsebenen
in den Schläfenadern
des Winds
auf den Umlaufbahnen
des Traums

Sprühlicht
tropft
in die Morgenröte

komm
gibt mir
deine Hand

♪ ♪ ♪

Im Kyathos
eingekrümmt
ein Lächeln

die Wabenkröte
sinniert
über GOTT
der alte Dichter
über DICH

♪ ♪ ♪

Ich winke Zeus zu
tauche in Teufelsrochenhöhlen
promeniere als Rosmarinseidelbastduft
durch die Ruinen von Les Baux
hocke in einem Apfelbaum
und singe klagend nubische Liebeslieder
träume im Zisterzienserkloster Citeaux
von Anbetung
von Gott Welt und Liebe

♪ ♪ ♪

Deine Augen
zwei Grosssegel
deine Lippen
eine Viola da Gamba
in den Nachtschattenranken

hörst du
den doldenrispigen Gesang
hinter der Erinnerung?

wir brennen
ineinander umschlungen

in den Herzschrunden
aufs Weltall hin

♪ ♪ ♪

Verwittert
die Zeit
der Planet
anheimgegeben
dem Zerfall

dennoch
sehnt sich
der Krokus
ins Frühlingslicht

♪ ♪ ♪

Im brennenden Dornbusch
lodert der Feuergeist

rötlich flaumig flappt
in der Kadenz des Winds
das Universum in deinem Gesicht
wenn der Glutatem der Sonne
brennt

Für Palile –
beim Mandelbaum
Dauban

♪ ♪ ♪

III
Interstellarer Staub auf deinen Fingerbeeren

Fliehkräfte

Wie eine Violinsonate
von Luigi Boccherini
zieht der Nachtsternenhimmel
über deine Lippen

Gott
der alte Matrose
hockt
in einer Hafenkneipe
hinter einer Flasche Absinth

♪ ♪ ♪

Ich sitze mit Moses
an der Theke
einer orientalischen Schwulenbar
die sieben Posaunen
der Offenbarung
verkünden
die Zeit ist nahe
was Moses und ich
nicht zur Kenntnis nehmen
wir lachen rauchen trinken
haben uns unendlich gern

♪ ♪ ♪

Bäume die tanzen
Fische die Gregorianische Choräle singen
Südwinde Schwarzes Bilsenkraut
Liebeselegien Quellwolken
das Sein unter einem Regenschirm

– Gegensatzüberraschung
in der Einheit

♪ ♪ ♪

Ein Flamingoflug
deine Augenbrauen
hoch über Murat
in der Auvergne

deine Beine
Längen- und Breitengrade
im Atlas unsrer Lust

ich bin der Geograf
deines Körpers
singe juble weine klage
deine Buchten deine Wölbungen
den anbetungswürdigen heiligen Irrsinn
deiner Schönheit

♪ ♪ ♪

Die Ewigkeit
ist ein Tautropfen

Erkenntnis
nähert sich
in den Entfernungen
Geist vollendet sich
in den Ziellosigkeiten

was wirklich ist
ist eine Wolke
im Werden und Vergehen
BARMHERZIGKEIT

♪ ♪ ♪

Ich trinke
deinen Mund
deine mirabellensüssen Brüste
die Flammen
deines Atems
küsse
den interstellaren Staub
auf deinen Fingerbeeren
SINGE DICH

♪ ♪ ♪

Mit Jean Giono
bei Manosque
impondérable
den *cigales* lauschen

auf dem Landgut Mogador
bei Avignon
mit Julia Ludivine und Dominique
Liebe erleben

in Collioure
in den Pyrenäen
Mondwein trinken

♪ ♪ ♪

Ferne Glocken
in deiner Handmuschel

dein Körper
eine Wahnsinnsarie

der Vogel
fliegt
zur Südlichen Krone

ich bleibe bei dir

♪ ♪ ♪

Gott
malt
eine Windrose
auf deine Stirn
schliesslich möchte er
seine Himmelsrichtungen
kennen lernen
und das geht nur
mit dir

♪ ♪ ♪

Kobold GOTT
treibt sein Wesen
in den Augen der Nacht

WIR ERKENNEN UNS

GESANG
der Klippenbarsche
der Staubwüsten
der Schwarzen Tollkirschen

Nachwort

Ich denke, ich habe höchstens zehn (Jahrhundert-) weltgültige, vollendete Gedichte. – Das Gedichteschreiben gehört jedoch konstitutiv, ich-kongruent zu meinem Leben [wie meine 50 000 Briefe]; in meinem Selbstverständnis sind meine Gedichte wie ein Tageundnachtbuch. (Ich bin ein Liebhaber von Tagebüchern und Briefen.) Viele Tage und hauptsächlich Nächte hätte ich nicht überlebt, wenn ich nicht Gedichte geschrieben hätte. Gedichte sind der Pulsschlag, der mich leben lässt.

Wenn ich auf mein Leben zurückblicke – auf mein lyrisches Schaffen – erkenne ich, dass alles LIEBE ist, ob ich lache, weine, singe, schweige. Wenn ich vom Messerzahnaal, von der Gefleckten Kuckucksblume, dem Sternbild Centaur, der Panflöte, Tropfsteinhöhlen, den Winden, Ekstasen, Angstverwerfungen rede, rede ich von Liebe. Das heisst: immer vom DU. Von DIR. Alle meine Vieltausende Gedichte sind ein einziges Liebesgedicht, Äusserungen meines Lebens, meiner brennenden Liebe zu den Geschöpfen. Und da ist der geliebte Mensch *ein* Mittelpunkt unter vielen Mittelpunkten … Der Animismus gehört nicht – so wenig wie der Spiritualismus – zu meinem Weltbild, ich liebe den Eros, die Freiheit der verrückten Zusammenhänge, die existenzielle Klarheit des menschlichen Atems, das Glück, vom Leben mitgerissen zu sein, die Lust des Universums. Ich verneige mich vor Feuerkorallen, dem Waldohrkauz, Mozart, Theokrit, der Sonne, den Fischen, Vögeln und Blumen, Winden und Wolken.

Ich liebe das Leben leidenschaftlich mit all seinen unübersehbaren, stets sich ändernden Zusammenhängen.

Liebeslieder, Klagelieder von SCHÖNHEIT.

Mir ist vollkommen klar, dass meine Denkweise, mein Entflammtsein des Wirklichkeitserkennens, mein rhododendrongebüschiges lyrisches Schreiben mit den roten, violetten, gelben und weissen Blüten in grossen Dolden, meine antennenwelsverträumten Liebeslustekstasen, mein Ausgeliefertsein an nackte menschliche Körper, meine Schönheitstrunkenheit des Universums, meine taumelnde Ohnmacht in der Anbetung der Musik, im Atem der Gegensätze, die Einheit bedeuten, nicht leicht zu verstehen ist; wobei ich meine, dass ich gar kein Verstehen suche, sondern einfach ein wertefreies Seins-Angesprochenwerden.

Mit meinen **«mystischen Gedichten»,** worüber sich unendlich viel sagen, ausweiten, einengen, variieren liesse, möchte ich mich IN ALLEM nähern, in den Michentfernungen, in dem, was weiter ist als ich bin, bei Luigi Boccherinis Violinsonaten, handinhand mit einem geliebten Menschen auf der Mole sitzen, lachen, Pfeife rauchen, schweigen. Weltenkundig werden – im Zauberbann der Liebe.

Ich verstehe Mystik niemals als «Geheimlehre», als eine Form einer festgefügten Glaubensrichtung, sondern als existenzielle Versenkung ins Leben, in die Liebe, in die Offenheit und Freiheit des Atems. In die befreiende Lust der grossen denkerischen und erlebten Lebenszusammenhänge.

Mystik: Was für ein Abenteuer des Lebens, des Geistes, der Sinne!

Gott als alten Matrosen in der Hafenkneipe hinter einer Flasche Absinth zu sehen: auch das ist Mystik, wie ich sie verstehe, wie sie mich aufsucht und ich sie annehme.

Die surrealen Elemente in meiner Lyrik sind keine Erfindungen von mir: sie blühten irrlichterten tobten tosten rasten bluteten wurzelten in Erdschichten flogen in violetten Himmel auf winkten als Fata Morgana traumblitzten würgten mich befreiten mich wie ein Orgasmus renkten meine Gedanken hin und her waren Schmetterlinspapillons (diese Tautologie finde ich so schön!) kamen angestürzt bewässerten meine Fantasie gravierten sich in meine Seele ein (oder kamen als Gravur von der Seele her ich weiss es nicht) waren Fluchtpunkte Heliographie meines Lebens orgelten seraphisch rauschend Lust waren Knochenschupper geliebte Unfassbarkeiten Elemente als Naturkraft sich stets verflüchtigende nicht zerlegbare Teilchen der Sehnsucht des Atems.

Gedichte sind Aufflammungen der Lust, ein Prisma, das die Ekstase und die Verzweiflung in alle Farben zerlegt, das Licht zur Angst hinunter beugt, in Träume hinein, Perseidenströme, Fluchtgeschwindigkeiten im Universum auf der Zunge des Dichters, Piratenbarsche des Schlafs, Sonnenumarmungen des Geistes. – Was für eine existenzielle Verzückung, eine Ekstase, eine Spiralgalaxie im gefleckten Blütenschlund eines Roten Fingerhuts zu entdecken!

Ich liebe den Formenreichtum der Sprache, die Umschlungenheiten der einsamen Nächte mit dem neblig diffusen ausgelassenen Tanz des Orions, die metaphernreichen Strukturen des hymnisch

Geradenochsagbaren; im Gedicht ist das Diesseitig-Sinnliche eine Perle, auf dem Meeresgrund der Seele liegend.

Es geht um Bilder, die sich festlegen, spielerisch ernst finden, die sich stets verändern in den Annäherungen der unendlich vielen Seinsdeutungen; eine Melodie sein, das versucht das Gedicht. Mit Dionysos pokulieren. Lachen mit der Schwarzpappel im Wind. Die Evidenz und Geheimnisse in den Zusammenhängen der Denkmöglichkeiten in den Angstgefühlen des Ausgeliefertseins finden, Erkennen in allem Leben in sich aufblühen lassen, sich geborgen fühlen im Imaginativen, aufatmen hinter dem Horizont.

Jedes Gedicht, das geschrieben wird, muss *neu* sein in der Aussage, im Bilderzusammenknüpfen, in der Sprachinstrumentierung. Die Assoziationen, die aus Traumtiefen kommen, sind immer neu; das wahre Reale ist das appositive Surreale!

Existenziell leben heisst Notenlinien ziehen für das Allegro appassionato der Sehnsucht, der Liebe. Zu sehen, dass Nacht wie ein hummelblauer Bernstein diaphan fürs Licht ist – eine Glocke in der unermesslichen Ebene. Gegensatzvereinigungen. Grenzenlos weit. Mit Echnaton.

Mystik heisst ATEM, Luftströme, die von weit her kommen aus den Zerklüftungen der Jahrmilliarden, Mystik ist eine Widderbartorchidee, die im tiefsten Waldschatten lebt, ein tropischer Bergwald mit schlangenschlanken Lianen, gespenstigen Faltern und bunten Vögeln, ein Wurzelgewirr, Partitur der Engel, Kuss der Schönheit des Daseins.

In der freien, keinem festgefügten Credo unterworfenen Mystik wird das Leben aller Organismen e i n s mit dem Weltall.

Meine Mystik hat keine Nähe zu irgendeiner bekannten Glaubensrichtung, sie wird in jedem Gedicht immer wieder neu gefunden, gelebt in den stets neuen Weltenzusammenhängen.

Mystik ist eine Metamorphose: Gestaltwandlungen Schmetterlingsbuntbarsche Feuerkorallen Rotweinlust Schmerzbrandungen Basilisken byzantinisch-orthodoxe Mönchsgesänge Waldhyazinthen Harmonien der Liebe Danaos und Aigyptos Ekstase einer Träne Kuss der Schönheit des Daseins Lippenschwung.

Mystik ist Nacht. L I E B E. Blitz, der das Leben ändert. Mystik heisst den Verstand verlieren und lieben und brennen in den Sternen im Drosselrohrsängerherzen im Innenleben der Pflanzen in Zigeunerweisen in den Harmonien und Disharmonien der Seele in den Aufschwüngen der Lust im Schweigen eines Sees im Lavendelduft.

GESANG der Klippenbarsche, der Staubwüsten, der Schwarzen Tollkirschen, des Sternbilds Walfisch: im Gedicht, in der Sprache, pulsierend im innersten Lebenskern sich allem zu nähern.

Paul Gisi

Paul Gisi, Lyriker, trinkt gern Wein, liebt die Liebe und die Träume, liebt das Leben, liebt den Geist der Mirabelle, liebt klassische Musik und Belcanto-opern, liebt das Denken («tagsüber, nachtsüber – tagsunter, nachtsunter»), liebt die Freiheit, den Wind überm See, liebt Tuschbilder des Zen-Meisters Sengai und van Gogh, liebt Gedichte von Mörike, liebt Mozart und raucht gern Aristophanes`sche und Xenophanes`sche Pfeifen.

1949 in Basel geboren, Schulen in Basel, Primarlehrerpatent in Zug, einige Jahre Schulpraxis, Aufenthalte in Südfrankreich, kurzzeitig verschiedene Berufe, viele Jahre lang Korrektor in St. Gallen und Herisau, eine Vielzahl Publikationen, hauptsächlich Lyrik, aber auch Kurzprosa, Sätze und Briefe, erhielt wenige Preise, lebt in Rorschach am Bodensee.

Homepage: www.zackenbarsch.ch
E-Mail-Adresse: zackenbarsch.gisi@gmail.com

♪ ♪ ♪

Bibliografie 1969 bis 2023 von Paul Gisi bei

Edition Lucrezia Borgia

zackenbarsch.gisi@gmail.com